봄은 다시, 여름ᄂ

첫 번째 이야기

Published by Lang-Wich LTD

London, England

Lang-Wich is a registered company in England and Wales.

For resources and further information please visit
lang-wich.com or please contact admin@lang-wich.com

Jane Austen's work was released into the public domain
the United Kingdom.
Spring Again, and Summer Part One - Korean Classic Reader
- Level 1 - Korean Edition / Jane Austen; [edited by]
Lee-Anne Davis and Sung-Ju Kim; [illustrated by] Hyo-sun Kang

Spring Again, and Summer
Part One

봄은 다시, 여름으로

첫 번째 이야기

Table of Contents

2부_ 봄은 다시, 여름으로 – 첫 번째 이야기

Connecting you to your target language through stories

제1부

○

ABOUT THIS BOOK
General information about this series

Introduction to the Korean Classic Reader

This new Korean Graded Reader series is specifically aimed at Korean language learners who are on a journey to becoming more proficient in Korean as an additional language.

This series will focus on adapting classics stories from the English language that are set in modern day South Korea and written completely in Korean. This series will not use any Korean folktore stories.

The purpose of this book is for Korean language learners to have easy-to-read stories – without reaching for a dictionary – that are enjoyable, simple stories and help progress in their language learning.

The book you are reading is to bridge the gap between textbook materials and other resources into a leisurely reading activity that can be read in addition to formal language studying to help build confidence and speed in reading over time.

Reading in Korean

Reading in Korean will help you build fluency in your language journey. It is a good way to begin reading at your level and help you practise reading at your pace until you develop speed and confidence to read naturally in Korean.

In terms of Korean reading materials, seems to be lots of difficult content that leaves learners feeling discouraged in their reading skills. Completing a book in this series will have you feeling a sense of accomplished that you read through an entire novel in Korean.

Graded readers are books that have been written for language learners at their ability using a range of controlled grammar, vocabulary, and sentences, accompanied with illustrations within a simple plot to explore a range of topics that the reader can read without constantly turning to a dictionary.

Research have shown that people who read frequently in their native language are exposed to more vocabulary in context and have ease expressing themselves. Research has also shown that the same is true in foreign language acquisition, where language learners who read in their desired language improve their comprehension and fluency due to reading.

The Levelling System: Level 1

Level 1 | A2

We decided to create our own levels for the easy-to-read books. The levels have been developed through thorough research and analysis. We used resources language programmes taught, textbooks, proficiency tests expectations, and general conversational Korean to gather our information.

Each story is written with the intention that readers can comprehend the story using simple Korean to help improve your language abilities.

Level 1 is equivalent to A2 on the CEFR tiers.

There are common words in level 1 that readers will most likely know or have engaged with in their studies. There are limited key words that are repeated throughout the story to help with remembering the words in context. Each story is accompanied with a word list specific to that story to highlight all the words in the story and the new words readers will encounter throughout the story

More information on our website lang-wich.com

Is this level right for me?

If you are comfortably reading this book and you know a large portion of the words then this level is right for you. There will be new words or some words you are not familiar with, which is fine, because throughout the book you will get to practise those new words. If you do have to reach for the dictionary for a large majority of the book then perhaps build up your vocabulary and grammar and return to this book at a later time.

Further information about this series

The language used in this series is based on elementary to pre-intermediate level Korean language textbooks searching proficiency tests and university created textbooks so that readers can find common words they have studied in their textbooks. The footnotes are the anticipated new word that is needed to understand the story but within the appropriate level.

For readers who like to gather new vocabulary, all vocabulary is listed at the back of the book in the order of when the new word is introduced.

Who is Lang—Wich?

Lang—Wich was started by two language teachers who happened to be in the same school at the same time in Busan, South Korea.

One day, studying Korean, they discovered that there were not any graded reading materials for Lee—Anne to improve her language with and thus they began the quest to write a series, that spring in 2018. Since then, the founders of Lang—Wich have been in the process of writing fun stories in Korean for your learning enjoyment.

Lee—Anne, from the UK, had lived in China before moving to South Korea enjoys language learning and writing stories. Sungju, native to Korea, loved learning and maintaining languages especially English and Chinese as well as being an avid traveller.

Sungju holds a BA in Chinese Literature and Education from Gyeongsang National University and she currently is reading Digital Marketing from various sources online in English. Lee—Anne holds a BA in English Literature from Middlesex University and a MBA from the University of East London.

Acknowledgements

Special thanks to everyone who has helped give ideas through the writing process, encourage us when the journey was taking longer than anticipated, read the story and gave us their honest feedback, and simply just supported the two of us behind the scenes.

To our test readers, Mali, Michelina, Mahlako and the nameless others who have read, re-read and saw this story to where it is today, we could not thank you enough.

To Hyo-Sun, the illustrations you have produced have made the characters more than just words on a page by using such simple and delicate illustrations to highlight Korean culture to the international community.

To each and every reader and supporter, thank you for being a part of this Lang-Wich community. We hope to see you as we grow over the years.

Adaptation Notes

This story is loosely based on Jane Austen's Northanger Abbey. Though it is a not a very popular story, this story has many elements that apply to today's culture. The characters have been adapted to modern day Daegu and Seoul, respectively. Not all characters from the original story have been used, their roles have been altered and it does the story follow the plot according to the original story. Instead, this story has taken the theme of everything being new.

We follow the protagonist making new friends, starting a new stage in her life and learning new experiences in a new city, much like the original heroine, Catherine Morland. This story fits snuggly into the "slice-of-life" genre in order to aid learners who have studied functional language such as daily routines, or asking for directions to provide a broader context for learners to see how to use this language outside of the classroom environment.

Character Adaptations

Here is a list of the characters with the original story's characters also listed.

Catherine Morland – 조서하 – [Jo Seo-ha]

Henry Tilney – 박인호 – [Park In-ho]

James Morland – 황시우 – [Hwang Si-woo]

Isabella Thorpe – 강민애 – [Kang Min-yae]

Eleanor Tilney – 최하나 – [Choi Ha-na]

Context

Time: 2018

Cities: Daegu and Seoul, South Korea

Genre: A slice of life story

Characters

박인호

최하나

조서하

강민애

황시우

Locations

서울 (Seoul)

The capital of South Korea, in the west on the Han River: capital of Korea from 1392 to 1910; became capital of South Korea in 1948; cultural and educational centre.

대구(Daegu)

The metropolitan city located in the center of southeastern region of Korea; manufacturing flourished including the textile industry; it is a major producer of apples.

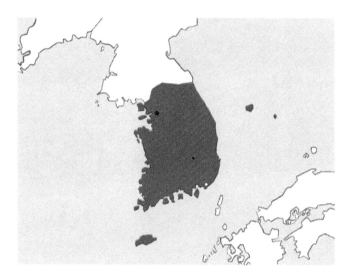

제2부

○

봄은 다시, 여름으로 – 첫 번째 이야기

Connecting you to your target language through stories

제 1 장

내가 사는 동네

Track 01

▼

서하와 인호는 편의점에서 딸기 우유를 샀다.
둘은 딸기 우유를 마시면서 말했다.

나의 이야기

2018년 1월

한국, 대구

겨울

서하는 대구에서 태어났다. 서하는 밖을 좋아했다.
<u>　　　</u>　　<u>　　　　</u>
　　　　　　　　　　　　1

---

1 태어나다 – v. to be born

서하는 산책을 좋아했다. 서하는 인호라는 친구가 있었다.

서하와 인호는 같은 동네에 살았다. 둘은 매일 같이 산책을 했다.

둘 다 고등학교 3학년이지만 다른 학교에 다녔다.

인호는 남자고등학교에 다녔고 서하는 여자고등학교에

다녔다. 서하와 인호는 서울에 있는 대학에 다니고 싶어 했다.

이제 곧 겨울방학이었다. 인호는 놀고 싶었다.

---

2 동네 – n. neighbourhood

3 산책 – n. walk, stroll

4 같이 – adv. together, with

5 고등학교 – n. high school

6 학년 – n. grade

7 다르다 – adj. different

8 다니다 – v. to attend regularly

9 대학 – n. university

10 곧 – adv. soon

11 문자 메시지 – n. text message

문자 메시지 : [인호, 서하]
11

뭐 하고 있어?

드라마 보고 있어, 왜?

그냥….나올래?

싫어, 추워.

나오면 밥 살게.

그래! 15분 뒤에 보자!

하하하.

날씨가 좋고 상쾌했다. 서하와 인호는 편의점에서 딸기 우유를 샀다. 둘은 딸기 우유를 마시면서 말했다.

서하 : "우리 곧 서울에 가는데…. 걱정 안 돼?"

인호 : "걱정 안 돼. 너는 걱정 돼?"

서하 : "조금 걱정 돼."

인호 : "왜?"

서하 : "다른 곳이니까…. 나는 혼자 서울에 가 본 적 없어. 지하철도 탈 줄 몰라."

서하는 걱정했다. 서하와 인호는 딸기 우유를 다 마셨다.

인호 : "우리 같이 가니까 걱정하지 마."

---

12 날씨 – n. weather
13 상쾌하다 – adj. refreshing
14 편의점 – n. convenience store

인호와 서하는 동네를 걸었다. 동네에 붕어빵 가게가 있었다.

"붕어빵 네 개 주세요."라고 서하가 말했다. 인호가 이천

원을 냈다. 서하와 인호는 같이 붕어빵을 먹었다.

서하 : "나는 우리 동네가 좋아. 너는?"

인호 : "나도 좋아. 그렇지만 서울도 가 보고 싶어."

---

15 걱정 – n. worry, concern
16 혼자 – n. being alone, by yourself

제 2 장

마지막 학년

Track 02

▼

인호의 학교가 출발한 후에
서하의 학교가 대구를 출발했다.

주말에 서하와 인호는 가족과 같이 시간을 보냈다. 인호는
<u>4</u> <u>17</u>
형과 여동생이 있다. 서하는 언니가 있다.
<u>18</u>

서하와 인호가 다니는 학교에서 놀이공원을 가기로 했다.
<u>8</u> <u>19</u>
서하가 다니는 학교는 학생이 많아서 버스를 빌렸다.
<u>8</u>

---

17 시간 – n. time

18 언니 – n. older sister (for female to address female siblings older than she is)

19 놀이공원 – n. amusement park

버스는 일찍 출발한다고 했다. 그래서 서하는 일찍 일어났다.

서하는 피곤했다. 서하는 과자, 음료수를 사서 버스에 탔다.

학생들이 탄 버스는 아침 일찍 대구를 출발했다. 친구들은

버스 안에서 노래를 불렀다. 서하는 창밖을 바라봤다. 서하는

마지막 학년을 생각했다.

'수업은 재미있었지만 시험공부는 너무 힘들었어.'

서하 친구 : "야! 서하야. 인호도 놀이공원에 와?"

서하 : "응, 왜?"

서하 친구 : "그냥."

---

20 일찍 – adj. early   23 수업 – n. class
21 출발 – n. departure   24 그냥 – adv. just
22 생각 – n. thought

친구는 다른 친구들과 같이 웃었다. 친구들은 화장하기 시작
했다.

인호가 다니는 학교는 학생 수가 적어서 기차를 타고 가
기로 했다. 인호의 학교가 출발한 후에 서하의 학교가 대구를
출발했다.

시우 : "나는 친구들과 축구하는 게 재미있었어. 너는?"

인호 : "나도 축구도 재미있었고, 친구도 많이 사귈 수 있어서
좋았어. 너는?"

시우 : "나도 그래."

---

25 사귀다 – v. go out (with)

인호 : "너는 뭘 공부하고 싶어?"

시우 : "원래 다른 나라에 가서 공부하고 싶었어. 그런데
26   7

몸이 아파서 영어 시험을 못 봤어. 서울에 있는 대학에서 공부
9

할 거야. 너는 무슨 공부할 거야?"
27

인호 : "스페인어를 공부할 거야."

시우 : "스페인어? 멋지다!"

---

26 원래 – adv. originally
27 무슨 – pre. what/what kind of

친구들은 놀이공원에 도착했다. 즐거운 시간을 보냈다.
<u>　</u>　<u>　</u>　　<u>　</u>　<u>　</u>
19　　28　　　29　　17

---

28 도착 – n. arrival
29 즐겁다 – adj. joyful

제 3 장

새 도시

Track 03

▼

서하, 인호, 시우는 집에서 가까운
중국 식당에 갔다.

새 학년을 준비하며
6

다음 주 월요일에 첫 학교 수업이 있다. 세 친구들은 같은
23

대학에 다녔다. 서하는 인호, 시우와 같이 대구에서 서울로 갔다.
9   8   4

서하는 한국어를 공부하기로 했다. 서하는 외국인들에게
한국어를 가르치고 싶어 했다. 인호는 스페인어를 공부하기로
했다. 인호는 남미에 살고 싶어 했다. 시우는 영어를 공부하기로
했다. 시우는 영국에 살고 싶어 했다.

인호와 시우는 같은 원룸에 살았다. 인호는 오 층에, 시우는
팔 층에 살았다. 서하는 오피스텔에 살았다. 서하는 삼 층에
살았다. 오피스텔에 편의점도 있었다. 서하가 사는 오피스텔은
인호와 시우가 사는 원룸에서 가까웠다.

---

30 원룸 – n. a small private apartment with own bathroom and kitchenette
31 오피스텔 – n. a loft apartment
32 가깝다 – adj. near, close

인호 : "서하야, 빙 좋디!"

시우 : "좋디! 우리 마트 가자."

도시는 사람이 많았다. 사람들은 빨리 걸었다. 친구들과 같이 마트에 갔다. 부엌, 침실, 욕실에 필요한 물건을 샀다.

4

인호 : "우리 집에 가자!"

서하 : "잠깐만, 책도 사야 해."

시우 : "우리 짐이 너무 많아."

인호 : "그럼 다음에 사자."

서하 : "아니야. 오늘 사자!"

시우/인호 : "그래, 그럼 서점 가자!"

친구들은 학교 서점에 가서 책을 샀다. 필요한 물건을 사고

집에 갔다.

서하는 부엌으로 들어가자마자 떠올랐다.

'아, 먹을 걸 안 샀어.'

문자 메시지: [서하, 인호, 시우]
11

중국 음식 어때?

좋아!

시우야,
그냥 집에서 먹자.

그냥 오 분 뒤에 보자.

—

서하, 인호, 시우는 집에서 가까운 중국 식당에 갔다.[33]

---

33 식당 – n. restaurant

종업원 : "주문하시겠어요?"
<u>34</u>

인호 : "짜장면 세 개, 탕수육 하나 주세요."

시우 : "사이다 한 병, 콜라 두 병도 주세요."

종업원 : "짜장면 세 개, 탕수육 하나, 사이다 한 병, 콜라
<u>34</u>

두 병, 맞아요?"

서하, 인호, 시우 : "네."

음식이 나왔다.

종업원 : "맛있게 드세요."
<u>34</u>

서하, 인호, 시우 : "감사합니다."

---

34 종업원 – n. employee

토요일, 초인종 소리가 들렸다.
35   36

"택배 왔습니다!"
37

서하 엄마가 택배를 보냈다.
37

김치, 장조림, 멸치볶음, 어묵볶음, 진미채 볶음

서하가 좋아하는 음식이었다. 서하는 엄마에게 전화했다.

서하 : "엄마! 음식 고마워요!"

엄마 : "맛있게 먹어!"

–

일요일 저녁이 되자, 서하는 내일 수업이 걱정됐다.
23   15

---

35 초인종 – n. doorbell

36 들리다 – v. to hear

37 택배 – n. parcel service

대학 생활

Track 04

▼

서하는 교실에 갔다. 교실에 학생이 많아서 놀랐다.
서하는 인사를 하고 자리에 앉았다.

서하는 아침 일찍 일어났다. 세수를 했다. 옷을 입고 화장을 했다. 아침을 먹었다.

문자 메시지: [인호, 서하]
11

학교 같이 가자!

괜찮아.
혼자 갈 수 있어.

알았어. 이따가 봐.

이따가 봐.

서하는 필통, 공책, 책을 가방에 넣었다. 휴대폰과 노트북

도 가방에 넣었다. 서하는 버스 정류장까지 걸어갔다. 날씨가
38   12

좋았다. 서하는 버스를 타고 학교에 갔다. 서하는 인호, 시우와

수업 시간이 달랐다.
23   17   7

서하는 교실에 갔다. 교실에 학생이 많아서 놀랐다.
39   39

서하는 인사를 하고 자리에 앉았다. 서하는 노트북, 필통,
40

공책, 책을 가방에서 꺼냈다. 수업이 시작되었다. 한 여학생이
41   23

교실에 들어왔다. 그 여학생이 서하 옆에 앉았다.
39   42

---

38 정류장 – n. station, depot
39 교실 – n. classroom
40 인사 – n. greeting
41 꺼내다 – v. take out
42 들어오다 – v. come in

여학생 : "펜 좀 빌려줄래?"[43]

서하 : "여기."

여학생 : "고마워. 나는 강민애야."

서하 : "나는 조서하야."

수업이 끝났다. 민애는 서하에게 펜을 돌려주며 말했다.[23]

민애 : "우리 같이 점심 먹자."[4]

서하 : "친구들이랑 점심 먹기로 했는데…."

민애 : "아 그래? 난 너랑 먹고 싶은데…."

서하 : "그럼 같이 먹을래?"[4]

민애 : "좋아. 같이 먹자!"[4]

인호와 시우가 학교 앞에서 서하를 기다리고 있었다.

---

43 빌리다 – v. to borrow

시우 : "서하야, 가자."

인호 : "이 친구는 누구야?"

서하는 인호와 시우에게 민애를 소개했다.
₄₄

서하 : "나랑 수업 같이 듣는 친구 민애야. 같이 밥 먹자!"
₂₃ ₄ ₄

인호, 시우 : "만나서 반가워."

친구들은 학교 식당에서 치즈돈가스, 참치김치찌개, 불고기
₃₃

덮밥, 크림파스타를 먹었다.

–

인호는 오후에 수업이 있었다.
₂₃

인호가 듣는 스페인어 수업은 학생이 많았다.
₂₃

인호는 남미에 살고 싶어서 스페인어 수업을 신청했다.
₂₃ ₄₅

---

44 소개 – n. introduce
45 신청 – n. application

한 여학생이 교실에 들어왔다. 그 여학생은 인호 옆에 앉았다.
39

인호는 여학생에게 인사했다.
40

인호 : "안녕? 나는 박인호야."

하나 : "나는 최하나야."

인호 : "만나서 반가워. 서울에서 왔어?"

하나 : "응, 너는 어디에서 왔어?"

인호 : "대구."

하나 : "대구? 나도 가 보고 싶어."

인호 : "그래? 왜?"

하나 : "치맥 축제에 가 보고 싶어."
46   47

인호 : "치맥 축제 재밌어. 여름에 같이 갈래?"
46   47   4

하나 : "그래!"

---

46 치맥 – n. chicken and beer (blended word of 치킨 and 맥주)

47 축제 – n. festival

수업이 끝났다. 인호와 하나는 밥을 먹으러 가는 길에 친구

23

들을 만났다. 인호와 하나는 친구들과 밥을 먹으러 갔다.

제 5 장

밤 생활

Track 05

▼

학교에는 꽃이 많이 피어 있었다.
"와 예쁘다" 서하가 말했다.
서하는 사진을 찍었다.

봄

미세먼지가 많았다. 서하는 미세먼지 차단 마스크를 쓰고
_____
48   49

밖으로 나왔다. 날씨가 안 좋았다. 서하는 버스를 기다렸다.
_____
12

조금 후에 학교 가는 버스를 탔다.

---

48 미세먼지 – n. fine dust
49 미세먼지 차단 마스크 – n. fine dust blocking mask

민애 : "서하야!"

서하 : "아! 안녕! 민애야, 일찍 왔네."

민애 : "아니야, 조금 늦었어."

서하와 민애는 같이 학교에 갔다. 학교에는 꽃이 많이 피어 있었다.

"와, 예쁘다!" 서하가 말했다. 서하는 사진을 찍었다.

많은 학생이 포스터를 보고 있었다. 학생들이 홍대에서 콘서트를 한다는 포스터였다. 학생들이 하는 콘서트는 인기가 많았다.

학교 친구 : "오늘 밤 콘서트 하는 거 알아?"

민애 : "응, 서하랑 오늘 밤에 갈 거야."

민애 : "서하야, 서울 야경을 본 적 있어? 야경 진짜 멋져."

민애는 웃으며 말했다.

—

서하는 서울 야경을 본 적이 없었다. 서하와 민애는 버스를 타고 홍대로 갔다. 사람이 많았다. 학생들이 노래를 부르고 있었다. 서하와 민애는 사진을 찍었다. 서하와 민애가 다니는 학교 친구도 있었다.

"나 화장실 갔다 올게." 라고 민애가 말했다.

서하는 혼자 콘서트를 보고 있었다. 한 시간이 지났다. 민애가 돌아오지 않았다.

인호, 하나, 시우가 서하 옆에 앉으며 말했다.

---

50 야경 – n. a night scene, night view

서하 : "너희들도 콘서트 보러 왔어? 지금 왔어?"

하나 : "응, 너는 혼자 왔어?"

서하 : "아니, 민애랑 왔어."

인호 : "민애는 어디 있어?"

서하 : "몰라."

하나 : "너는 언제 왔어?"

서하 : "한 시간 전에."

인호는 서하를 혼자 두고 간 민애에게 화가 났다.

인호 : "민애 정말 나쁘다. 밥 먹으러 갈래?"

닭갈비를 먹고 홍대를 걸었다. 홍대에는 술집, 카페가 많았다.

노래 부르는 사람, 춤추는 사람, 걸어 다니는 사람들이 많았다.

서하 : "다들 노래 잘 부른다. 멋져."

인호 : "맞아. 그런데 그 친구 이름이 뭐야?"

서하 : "강민애."

인호 : "민애한테 연락 왔어?"
　　　　　　　51　　52

서하 : "아직…. 민애한테 문자 메시지 보냈어."
　　　　　　　　51　　　　　　　　11

인호 : "그런데?"

서하 : "아직 답 없어."

인호 : "그 친구 정말 나쁘다."

---

51 한테 – p.p. to me, to [person's name]
52 연락 – n. contact

제 6 장

취 미 생 활

Track 06

▼

서하와 친구들은 남산타워에 갔다. 날씨가 좋았다.
서하와 친구들은 사진을 같이 찍고 있었다.

다음 날, 서하는 민애를 보지 못했다. 서하와 친구들은

수업이 없었다. 인호는 서하 집에 놀러 갔다.
23

시우도 서하 집에 놀러 갔다. 인호와 시우는 집 가까이 있는

편의점에 갔다. 시우는 음료수와 라면을 샀다. 인호는 김밥을
14

샀다.

문자 메시지 : [시우, 하나, 인호]
11

 밖에 나가자.
날씨가 좋아.

그래!

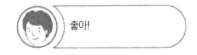 좋아!

친구들은 밖에 나갔다. 날씨가 좋았다.
12

_

서하 : "놀러 가고 싶어."

하나 : "그래? 어디 가고 싶어?"

서하 : "몰라. 어디가 좋아?"

하나 : "토요일에 남산타워 갈래?"

서하 : "민애랑 독서실 가기로 했어."

인호 : "우리랑 남산타워 가자!"

서하 : "안돼…."

인호는 서하 휴대폰을 뺏었다.

서하 : "왜 그래?! 내 휴대폰 내놔!"

문자 메시지 : [서하, 민애]
11

 우리 다음에 독서실 가자.
다른 일이 생겼어.

인호는 서하에게 휴대폰을 주며 말했다.

"내가 민애한테 못 간다고 문자 보냈어. 나한테 고마워 할
51   51
거야."

서하는 인호에게 화가 났다. 친구들은 관심이 없었다.
53

시우 : "하나야, 요즘 바빠? 남산타워에 갈 수 있어?"
54

하나 : "화요일에 외국인 친구 만나러 가야 해. 화요일 빼고
55
좋아."

---

53 관심 – n. interest
54 요즘 – n. recently
55 외국인 – n. foreigner

서하 : "만나서 뭐 해?"

하나 : "만나서 이야기하지. 너는 수업 없을 때 뭐해?"

서하 : "편의점 일도 하고 공부도 하지⋯."

하나 : "너무 재미없다. 친구들 안 만나? 서하야, 좀 놀아."

친구들은 편의점에서 산 라면과 김밥을 다 먹었다. 인호가

쓰레기를 버렸다.

인호 : "너는 수업 없을 때 뭐해?"

시우 : "나도 편의점 일하고 친구들이랑 놀아. 너는?"

인호 : "나는 하나처럼 외국인 친구 만나."

'뭐지 ? 하나와 인호가 사귀는 걸까?'

서하는 생각했다. 기분이 조금 이상했다.

서하와 친구들은 남산타워에 갔다. 날씨가 좋았다. 서하와

친구들은 사진을 찍고 있었다.

민애 : "서하야!"

서하 : "민애야. 너 바쁜 줄 알았는데, 어떻게 여기에 왔어?"

민애 : "나 여기에 살아. 매일 여기서 산책해. 근데 왜 나
한테 거짓말 했어?"

인호 : "서하는 거짓말 안 했어. 내가 문자 보냈어. 홍대에
서하 혼자 두고 갔잖아."

민애 : "내가 왔을 때 서하가 없었어."

민애는 또 거짓말 했다.

---

56 거짓말 – n. lie

제 7 장

냉 면

Track 07

▼

서하와 하나는 같이 노래를 불렀다.
민애는 노래를 부르지 않았다.

여름

날씨가 더웠다. 서하와 친구들은 맛있는 음식을 먹고 싶었다.

12

문자 메시지 : [시우, 서하, 인호, 하나]
₁₁

 블로그에서 맛있는 식당 봤어.
냉면 먹으러 가자!

냉면? 가자!

 항상 먹을 거만 생각해?
₅₇

서하 푸드 블로그에
음식 사진을 올리잖아.

 오늘 저녁에 가자.

아, 민애랑 저녁 약속했는데…
민애한테 연락할까?

 하지마.

연락해봐.

---

57 항상 – adv. always, all the time

하나는 강남에서 살고 있었다. 다른 친구들은 강북에 살고 있었다. 식당은 강남에서 가까웠다.
33

친구들은 강남역에서 만났다. 식당으로 가는 지하철을 기다렸다. 지하철 도착 소리가 들렸다. 사람들이 지하철을 탔다.
33   36

지하철에서 내려 계단을 올라갔다. 밖으로 나가자 식당이 보였다. 많은 사람이 식당 앞에서 기다리고 있었다.
33   33

서하 : "사람 많다."

인호 : "맛있겠다."

하나 : "민애는 어디 있어?"

서하 : "문자 보냈는데, 아직 답 없어."

얼마 후에, 친구들은 식당으로 들어갔다.
<u>33</u>

민애 : "서하야!"

서하 : "지금 온 거야? 문자 답도 안 해주고 말이야."

민애 : "일이 있었어."

민애는 또 거짓말 했다.

친구들은 냉면을 먹고, 카페에 갔다. 노래방도 친구들과
<u>59</u>

같이 갔다. 서하와 하나는 노래를 불렀다. 민애는 노래를 부르
<u>4</u>

지 않았다. 인호와 시우도 노래를 부르면서 재밌게 놀았다.

서하 : "노래 안 해?"

민애 : "하기 싫어."

인호 : "왜 하기 싫어?"

---

58 노래방 – n. singing room

민애 : "야, 박인호, 너 왜 나한테만 그래? 너, 나 좋아해?"
51

인호 : "무슨 소리야, 난 하나랑 사귀고 있어!"
25

서하는 인호 말에 놀라서 화장실에 갔다. 하나도 서하를 따라 화장실에 갔다.

"서하야, 난 네가 아는 줄 알았어…." 하나가 말했다.

서하는 말을 할 수 없었다.

하나 : "서하야?"

서하 : "괜찮아…. 그냥 좀 놀랐어."
24

하나 : "서하야, 미안해. 인호가 너한테 말한다고 했어."
51

서하 : "조금 놀랐어. 괜찮아. 너랑 인호가 사귀는 줄 몰랐어."
25

제 8 장

여 행

Track 08

▼

서하 집 초인종 소리가 들렸다. 인호였다.
서하는 문을 열었다.

여름방학이 왔다.

서하는 블로그에 음식 사진을 올렸다. 서하는 음식 사진을 잘 찍었다. 서하 블로그는 인기가 많았다.

서하 친구들은 대구에 여행 가기로 했다.

---

59 여행 – n. travel
60 올리다 – v. upload

문자 메시지 : [하나, 인호, 시우, 민애]
11

우리 치맥 축제 갈래?

언제?

이번 주말에.

가자!

좋아!

같이 가자!

버스 타고 갈 거야?

기차 타고 갈 거야?

기차는 비싸.

그래도 빠르잖아.

고속버스 타고 갈래?
61

느리잖아.

근데 더 싸.

몇 시 출발해?

고속버스는 오전 11시 출발해서
61
오후 1시 45분에 도착해.

그래! 우리 버스 타자.

---

61 고속버스 – n. express bus

문자 메시지 : [인호, 서하]
₁₁

'말 안 했잖아! 하나랑 사귀고 있다고!'
₂₅

서하는 생각했다.
₂₂

서하 집 초인종 소리가 들렸다. 인호였다.

서하는 문을 열었다.

서하 : "왜 왔어?"

인호 : "하나랑 사귄다는 말 언제 들었어?"

서하 : "지난번 노래방 갔을 때."

인호는 놀랐다.

인호 : "친구들이랑 오늘 대구에 갈 거야. 대구에서 보자."

—

서하 고향, 대구

서하 : "언니, 나 걱정 있어."

서하 언니 : "남자 문제야?"

서하 : "어떻게 알았어?"

서하 언니 : "무슨 일이야?"

서하 : "인호가 다른 여자를 좋아해. 나는 인호가 나를 좋아
한다고 생각했어."

서하 언니 : "왜?"

서하 : "어릴 때부터 같이 지냈잖아."

서하 언니 : "그래서? 인호가 좋아한다고 했어?"

서하 : "언니….."

서하 언니 : "말도 안 했는데 왜?"

서하 : "나도 모르겠어. 이제 어떻게 하지?"

서하 언니 : "걱정하지 마."

서하 : "근데 이번 주말에 친구들이 치맥 축제 보러 대구에 올 거야."

서하 언니 : "너는 왜 친구들이랑 같이 안 왔어?"

서하 : "그냥…."

서하 언니 : "서하야, 생각을 많이 하지 마. 너 치맥 축제 좋아하잖아?"

서하 : "응."

서하 언니 : "그러면…. 그냥 가서 재미있게 놀아."

서하와 언니는 대구에 있는 맛있는 음식들을 먹으러 다녔다. 서하는 음식 사진도 많이 찍었다. 서하는 블로그에 찍은 사진들을 올렸다.

제 9 장

치맥 축제

Track 09

▼

시우는 서하에게 상품을 주었다.
서하가 상품을 열어보니 양념치킨과 맥주가 있었다.

금요일 친구들이 대구에 도착했다. 친구들은 가족을 만난

후에 다른 친구를 만났다. 서하는 친구들이랑 사진을 찍으면서

놀았다.

날씨가 더웠다.

인호는 하나에게 아이스크림을 사줬다.

하나와 서하는 아이스크림을 좋아했다.

시우 : "괜찮아? 왜 말이 없어? 인호 때문이야?"

서하 : "응."

시우 : "걱정하지 마. 괜찮을 거야."
15

서하 : "우리 언니도 같은 말 했어."

시우 : "언니 말이 맞아. 저기 봐! 만화방이야!"
18   62

-

토요일, 서하와 친구들은 치맥 축제가 열리는 공원에 갔다.
46 47

MC :

"두류공원에서 하는 다섯 번째 치맥 축제에 오신 것을
46 47

환영합니다! 대구는 한국에서 치킨으로 유명합니다! 맛있는
63   64

치킨을 먹으면서 즐거운 시간 보내세요!"
17

---

62 만화방 – n. comic book store   64 유명 – n. famous, popular
63 환영 – n. welcome

치맥 축제 노래가 울렸다. 치맥 축제는 재미있었다. 친구들은
순살치킨, 간장치킨, 프라이드치킨, 감자튀김, 생수, 맥주를 사서
공원에서 먹었다. 인호, 하나, 시우는 배가 불렀지만 서하는 배가
부르지 않았다. 서하는 양념치킨이 먹고 싶었다.

–

노래를 부르고 춤추는 사람이 많았다. 맥주 빨리 마시기
대회가 열렸다. 우승자에게는 상과 상품을 줬다.

시우 : "서하야, 나 상품 받았어."

시우는 서하에게 상품을 주었다.

서하 : "나한테 주는 거야? 고마워."

서하가 상품을 열어보니 양념치킨과 맥주가 있었다.

---

65 대회 – n. contest
66 우승자 – n. winner
67 상 – n. prize
68 상품 – n. product, goods

서하 : "양념치킨이야?"

시우 : "너 양념치킨 좋아하잖아."

서하 : "고마워."

시우 : "어릴 때부터 인호랑 친구였지?"

서하 : "맞아. 근데 지금은 친하지 않아."
₆₉

—

인호 : "서하야, 축제 재미있어?"
₄₇

서하 : "응. 너는 어때?"

인호 : "내가 하나랑 사귄다는 말 안 해서 미안해."
₂₅

서하 : "괜찮아. 우리 재미있게 놀자."

서하와 친구들은 재밌는 시간을 보냈다.
₁₇

---

69 친하다 – adj. close

서하는 인호한테 좋아한다는 말을 못 해서 여전히 속상했다.

—

서하는 언니랑 여행을 갔다. 여행이 끝나고 서하 언니는

대구로 돌아갔고 서하는 고속버스를 타고 서울에 왔다.

서하는 인호가 한 말이 갑자기 생각났다.

—

"어릴 때부터 너랑 친하게 지내고 싶었어. 너랑 같이 여행도

가고 싶었어. 근데 너는 항상 다른 친구들이랑 놀았어. 그런데

하나가 먼저 나랑 여행 가고 싶다고 말했어."

서하는 조용히 눈물을 닦았다.

---

70 속상하다 – adj. upset

부록

Language Notes

n. – Noun

v. – Verb

id. – Idiom

p. – Phrase

adj. – Adjective

adv. – Adverb

sth. – Something

pre. – Prenoun

s. – Slang

p.p – Postposition

Key Words– Footnote

1. 태어나다 – v. to be born

2. 동네 – n. neighbourhood

3. 산책 – n. walk, stroll

4. 같이 – adv. together, with

5. 고등학교 – n. high school

6. 학년 – n. grade

7. 다르다 – adj. different

8. 다니다 – v. to attend regularly

9. 대학 – n. university

10. 곧 – adv. immediately

11. 문자 메시지 – n. text message

12. 날씨 – n. weather

13. 상쾌하다 – adj. refreshing

14. 편의점 – n. convenience store

15. 걱정 – n. worry, concern

16. 혼자 – n. being alone, by yourself

17. 시간 – n. time

18. 언니 – n. older sister (for female to address female siblings older than she is)

19. 놀이공원 – n. amusement park

20. 일찍 – adj. early

21. 출발 – n. departure

22. 생각 – n. thought

23. 수업 – n. class

24. 그냥 – adv. just

25. 사귀다 – v. go out (with)

26. 원래 – adv. originally

27. 무슨 – pre. what/what kind of

28. 도착 – n. arrival

29. 즐겁다 – adj. joyful

30. 원룸 – n. a small private apartment with own bathroom and kitchenette

31. 오피스텔 – n. a loft apartment

32. 가깝다 – adj. near, close

33. 식당 – n. restaurant

34. 종업원 – n. employee

35. 초인종 – n. doorbell

36. 들리다 – v. to hear

37. 택배 – n. parcel service

38. 정류장 – n. station, depot

39. 교실 – n. classroom

40. 인사 – n. greeting

41. 꺼내다 – v. take out

42. 들어오다 – v. come in

43. 빌리다 – v. to borrow

44. 소개 – n. introduce

45. 신청 – n. application

46. 치맥 – n. chicken and beer (blended word of 치킨 and 맥주)

47. 축제 – n. festival

48. 미세먼지 – n. fine dust

49. 미세먼지 차단 마스크 – n. fine-dust blocking mask

50. 야경 – n. a night scene, night view

51. 한테 – p.p. to me, to [person's name]

52. 연락 – n. contact

53. 관심 – n. interest

54. 요즘 – n. recently

55. 외국인 – n. foreigner

56. 거짓말 – n. lie

57. 항상 – adv. always, all the time

58. 노래방 – n. singing room

59. 여행 – n. travel

60. 올리다 – v. upload

61. 고속버스 – n. express bus

62. 만화방 – n. comic book store

63. 환영 – n. welcome

64. 유명 – n. famous, popular

65. 대회 – n. contest

66. 우승자 – n. winner

66. 상 – n. prize

68. 상품 – n. product, goods

69. 친하다 – adj. close

70. 속상하다 – adj. upset

Appendix A: Glossary

▸ FOOD

#	한글	Pronunciation Romanisation	Translation/meaning
1	라면	ra-myeon	Instant noodles
2	김밥	gim-bap	A dish made by rolling rice and various other ingredients in dried laver seaweed and cutting them into bite-size slices
3	냉면	naeng-myeon	A dish made by mixing noodles in naengguk, cold soup, gimchi/kimchi liquid, gochujang seasoning, etc.
4	과자	gwa-ja	Snack
5	콜라	kol-la	Cola
6	김치	kim-chi	A staple of the Korean diet made by salting vegetables such as napa cabbages, white radishes, etc., and seasoning and fermenting them.
7	생수	saeng-su	Mineral[natural, spring] water
8	맥주	maek-ju	Beer
9	짜장면	jja-jang-myeon	Black-bean-sauce noodles
10	탕수육	tang-su-yuk	Sweet and sour pork
11	사이다	sa-i-da	Cider

12	붕어빵	bung-eo-ppang	A bean-jam bun in the shape of a crucian (carp), a fish-shaped bun
13	닭갈비	dak-gal-bi	Spicy Stir-fried Chicken
14	장조림	jang-jo-rim	Soy Sauce Braised Beef
15	딸기 우유	ttal-gi-u-yu	Strawberry-flavoured milk
16	멸치볶음	myeol-chi-bokk-eum	Stir-fried Baby Anchovies
17	어묵볶음	eo-muk-bokk-eum	Stir-fried Fish Cake
18	양념치킨	yang-nyeom-chi-kin	Seasoned spicy chicken
19	순살치킨	sun-sal-chi-kin	Boneless Chicken
20	간장치킨	gan-jang-chi-kin	Soy sauce chicken
21	감자튀김	gam-ja-twi-gim	Fried potato
22	치즈돈가스	chi-jeu-dong-ga-seu	Pork Cutlet with Cheese
23	불고기덮밥	bul-go-gi-deop-bop	Bulgogi with Rice
24	크림파스타	keu-rim-pa-seu-ta	Pasta with Cream Sauce
25	진미채 볶음	jin-mi-chae-bokk-eum	Stir-fried dried squid
26	아이스크림	a-i-seu-keu-rim	Ice cream
27	프라이드치킨	peu-ra-i-deu-chi-kin	Fried chicken
28	참치김치찌개	cham-chi-kim-chi-jji-gae	Tuna kimchi stew

► LOCATION

#	한글	Translation/meaning
1	대구	Daegu
2	서울	Seoul
3	영국	the United Kingdom (the UK)
4	홍대	Hongdae (Hongik University)
5	강남	Gangnam, the (metropolitan) district south of the Han River
6	강북	Gangbuk, the (metropolitan) district north of the Han River
7	남산타워	the Namsan Tower
8	두류공원	Duryu Park
9	스페인어	Spanish
10	한국어	Korean
11	영어	English

► LOANWORD

#	한글	Translation/meaning
1	포스터	poster
2	콘서트	concert
3	휴대폰	mobile
4	블로그	blog
5	푸드	food
6	노트북	laptop
7	카페	cafe
8	펜	pen

Appendix B: Grammar Point Index

	한글	Pronunciation Romanisation	Meaning
1	···올리다	ol-li-da	to raise; to elevate
2	···으세요	eu-se-yo	please
3	~과	gwa	and
4	~이³/~가	i/ga	used as the subject of a sentence
5	···싶다	sip-tta	···want to
6	···하고 싶어하다	ha-go si-peo-ha-da	···like to
7	···할 수 없다	hal su optta	··· to be unable to
8	···할 수 있다	hal su ittta	··· to be able to
9	를/을	reul/eul	used after an object
10	에/에게	e/ege	used after an adverbial
11	하다	ha-da	to do, make, perform
12	~개	gae	piece, unit, thing (e.g. 사과 1개)
13	~도	do	also, too
14	~때	ttae	time
15	~살	sal	years old, age
16	~권	gwon	counting noun for books (e.g. 책 1권)

17	~대	dae	counting unit for machinery, planes, cars, musical instruments
18	~마리	ma-li	counting unit for fish, animals, bugs
19	~명	myong	counting unit for people
20	~번	beon	counting unit for the frequency of a task
21	~병	byong	counting unit for bottles
22	~분	bun	Honorific form of 명/사람
23	~장	jang	counting unit for sheets or pieces of paper
24	~인분	in-bun	measuring unit for quantity when serving food
25	배가 고프다	bae-ga go-peu-da	to be hungry
26	배가 부르다	bae-ga bu-reu-da	to be full
27	배가 아프다	bae-ga a-peu-da	to have a stomach ache
28	여보세요	yo-bo-se-yo	hello on the phone

Spring Again, and Summer
Part One
Workbook
A workbook based on the graded reader

LANG-WICH

Further Materials – Workbook

Enjoyed reading this graded reader? We have created a workbook to help you practise your listening and reading comprehension as well as some fun activities for you to practise writing and do some colouring with the characters.

The workbook is available in our shop as a digital download or a printed workbook. We ship worldwide.

⟨www.lang-wich.com⟩

Further Materials – Audiobook

We have made sure that we have included an audiobook with this graded reader to practise your speaking and listening skills.

Hearing a language can help you familiarise yourself with intonations, and pronunciation of sentences rather than individual words. Overall, you will get a deeper understanding of what you are reading. This skill can also help you as you watch and listen to Korean entertainment.

The audiobook is available through our YouTube channel. If you prefer to have it on your device, please put download from the following link: springoneaudio.lang-wich.com

The next book in this series is

어둠이 깊어질수록 별은 더욱 빛난다
The Deeper the Darkness, the Brighter the Stars Shine

Based on Charlotte Bronte's Jane Eyre

Released 2022

Follow us on social media or subscribe to our mailing list to find when
the next book will be released and more go to:

lang-wich.com

Instagram @langwich.books
Twitter @langwichbooks

어둠이 깊어질수록 별은 더욱 빛난다

LANG-WICH

You have completed a Korean easy-to-read book by Lang-Wich, a publishing house and online library for your Korean-language reading resources.

Lang-Wich focuses on creating fun, easy-to-read books for language learners.

We hope you have enjoyed this book and we hope you continue reading with us!

Connecting you to your target language through stories

Printed in Great Britain
by Amazon